AF414878

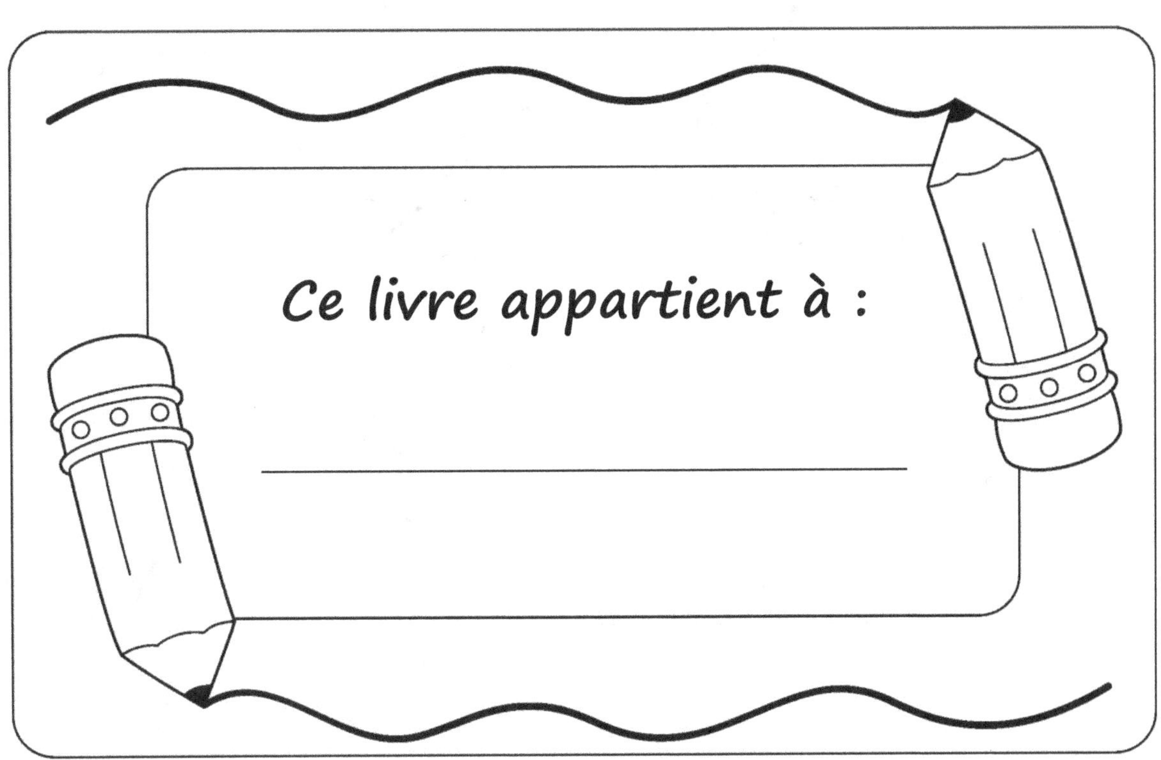

Ce livre appartient à :

Comment utiliser ce livre ?

Utilise les instructions fournies étape par étape pour dessiner un joli dessin d'un animal ou d'un insecte, puis colorie le dessin final avec tes couleurs préférées !

Répète le dessin 4 fois sur la page dédiée pour bien s'entraîner et devenir un vrai artiste !

Je dessine un crabe

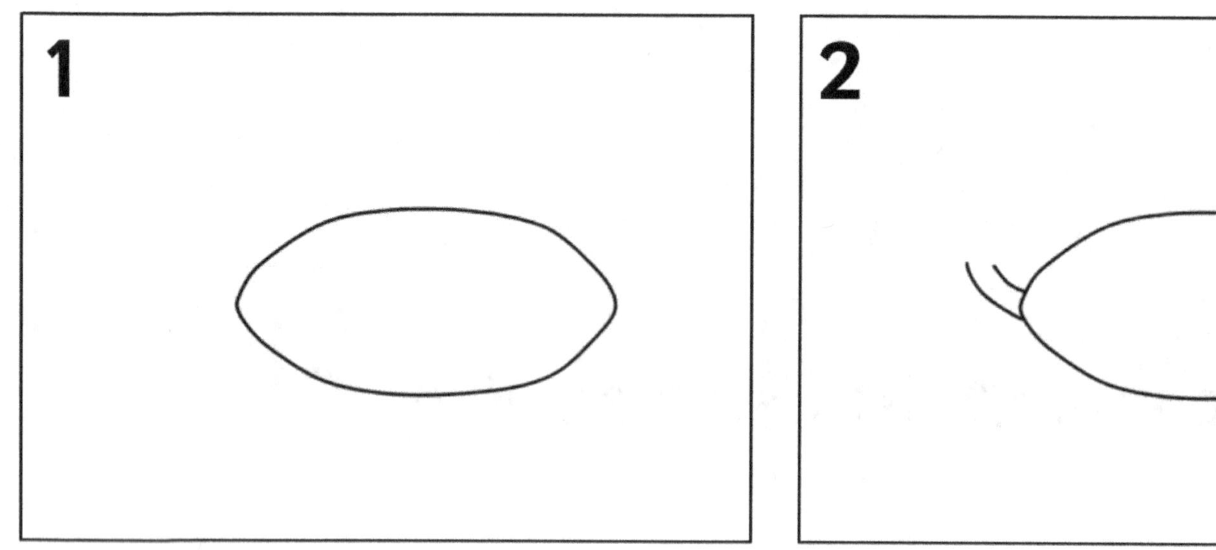

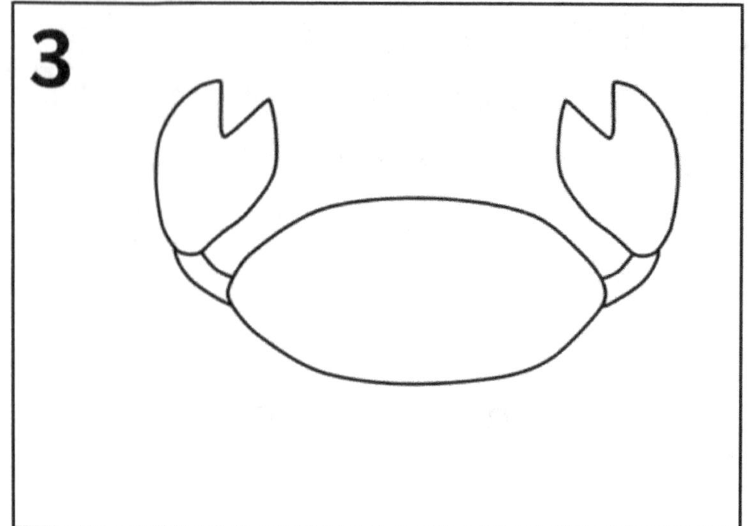

Je dessine un crabe

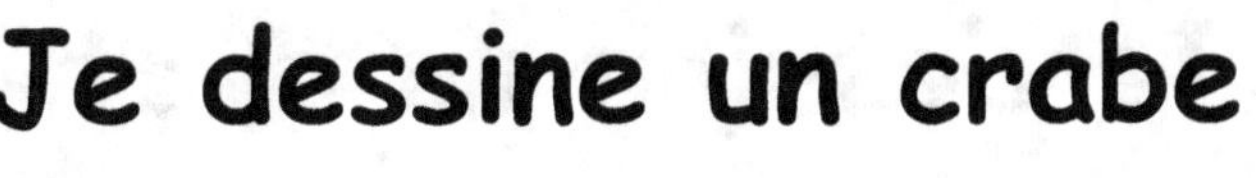

Je dessine un chat

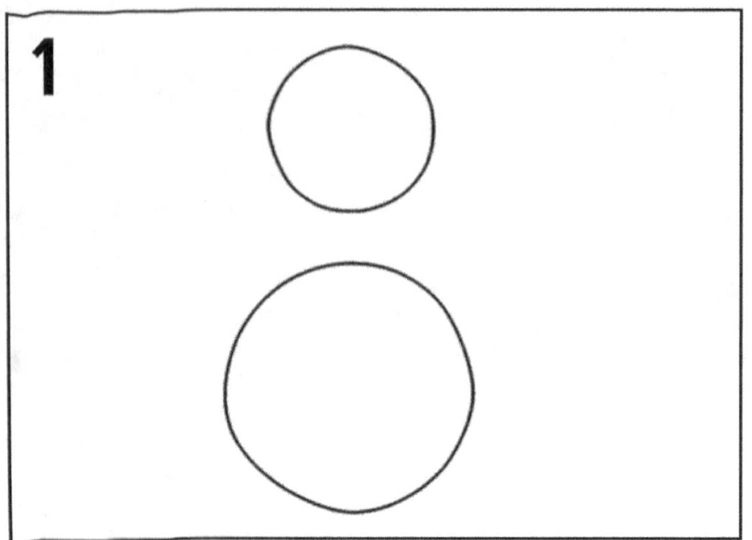

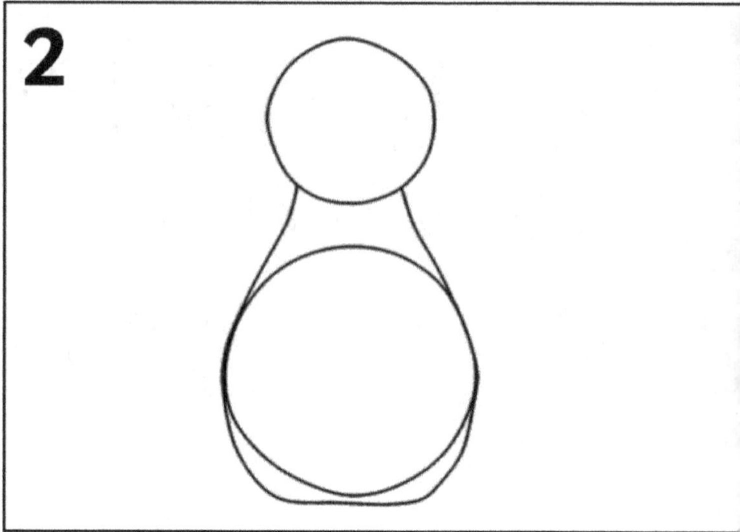

Je dessine un chat

Je dessine un chien

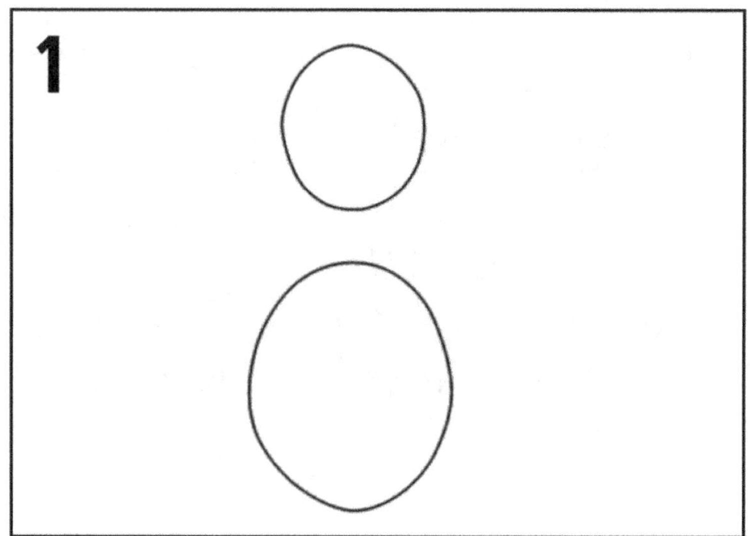

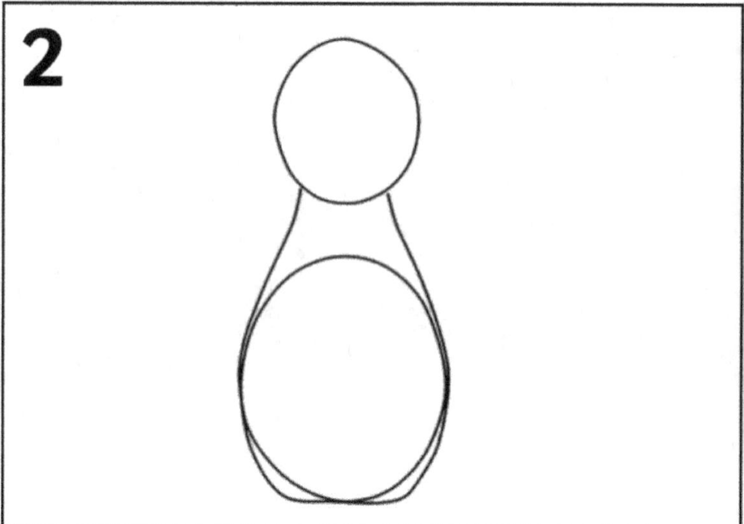

Je dessine un chien

Je dessine un pingouin

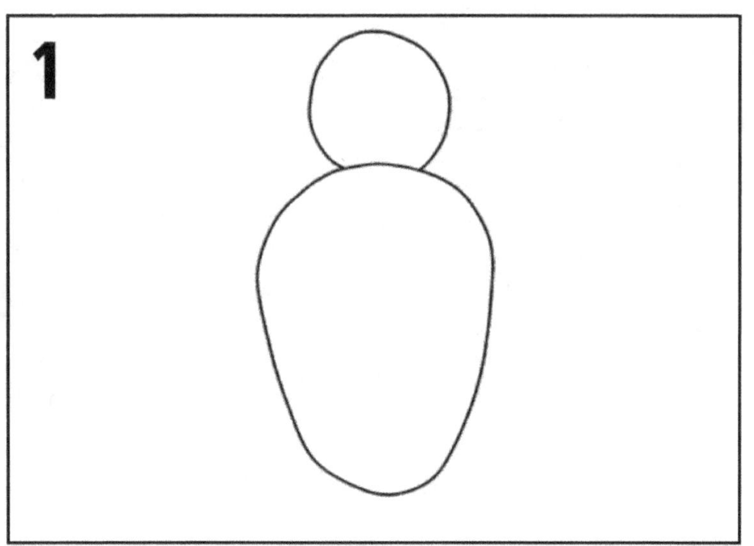 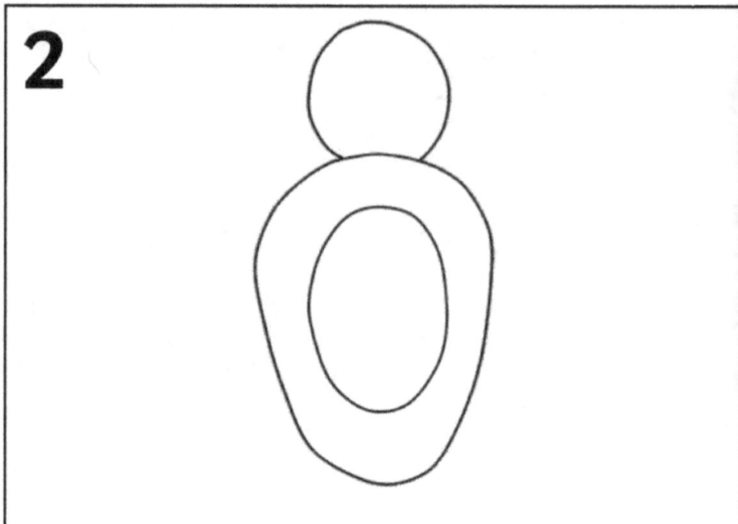

Je dessine un pingouin

Je dessine un ours

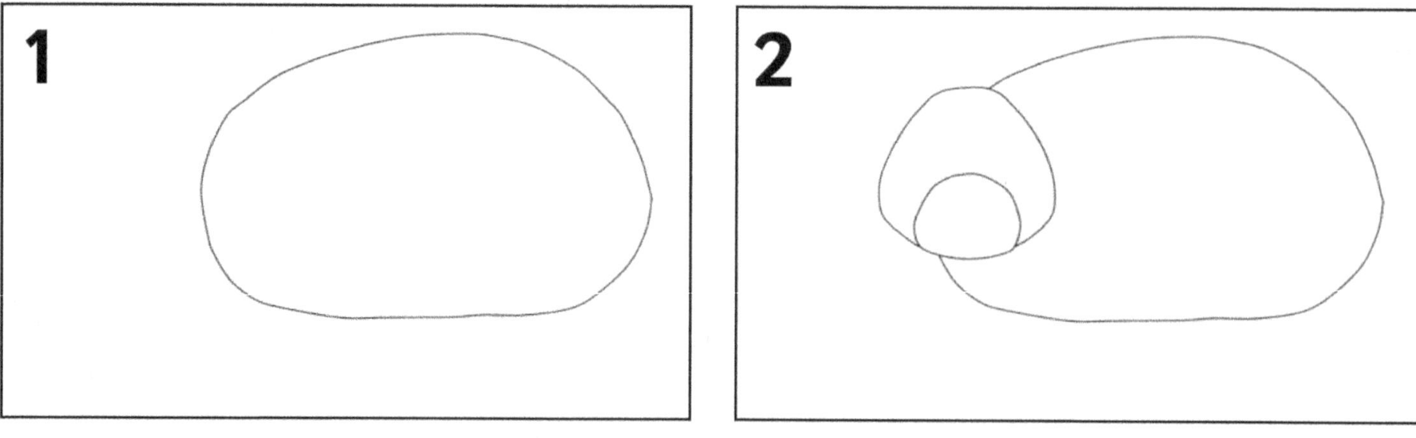

Je dessine un ours

Je dessine un mouton

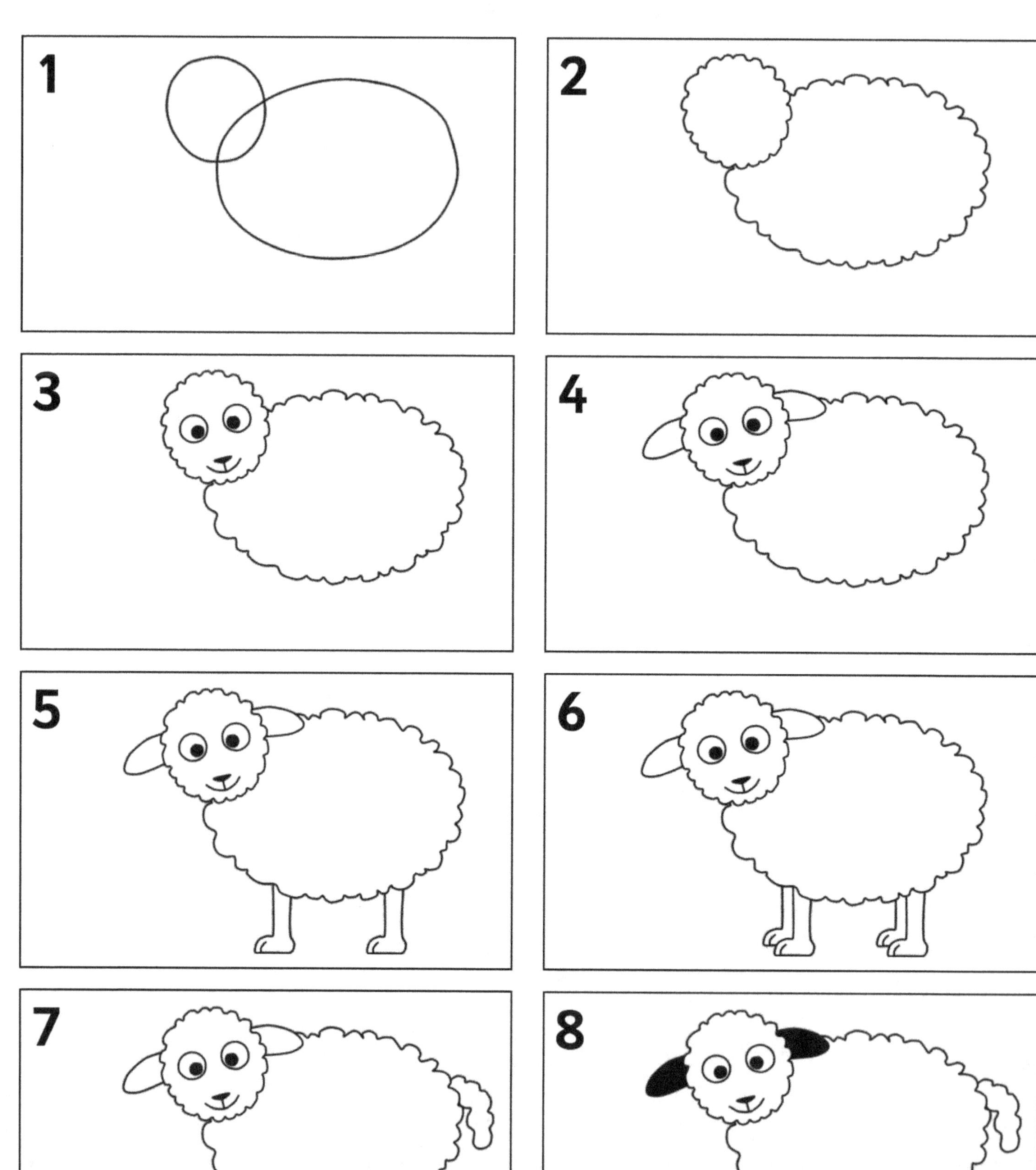

Je dessine un mouton

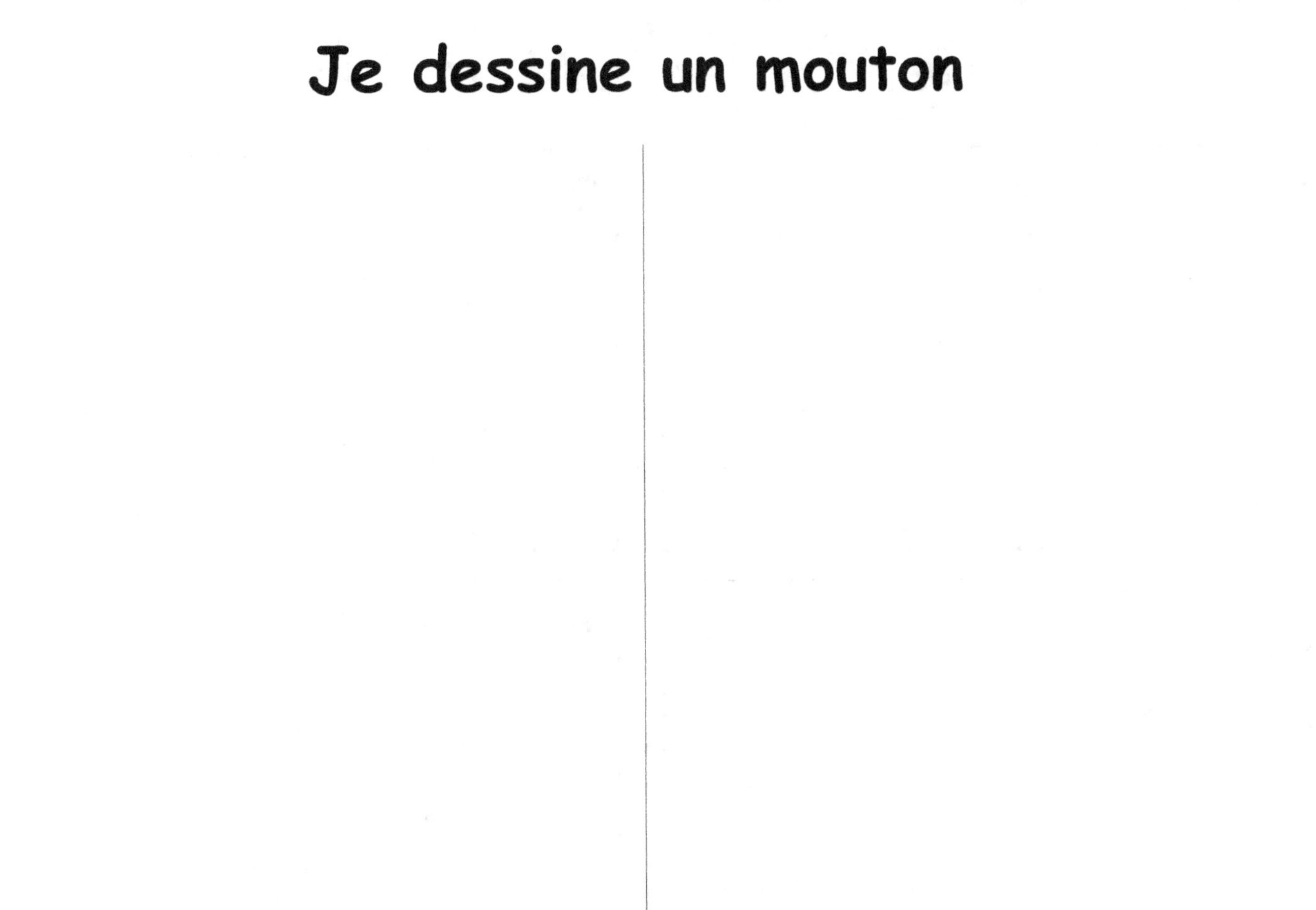

Je dessine une vache

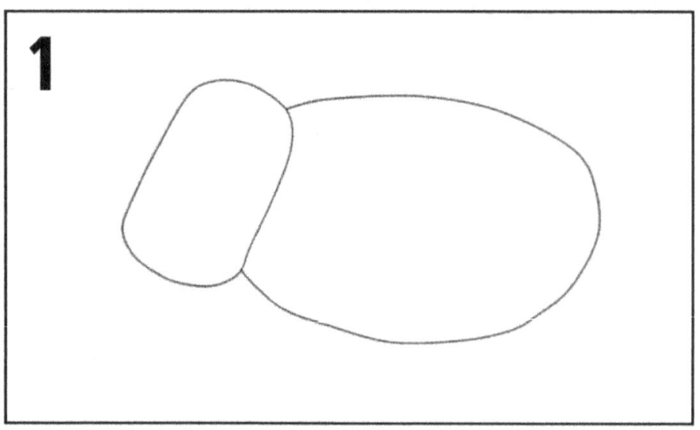

Je dessine une vache

Je dessine un ours blanc

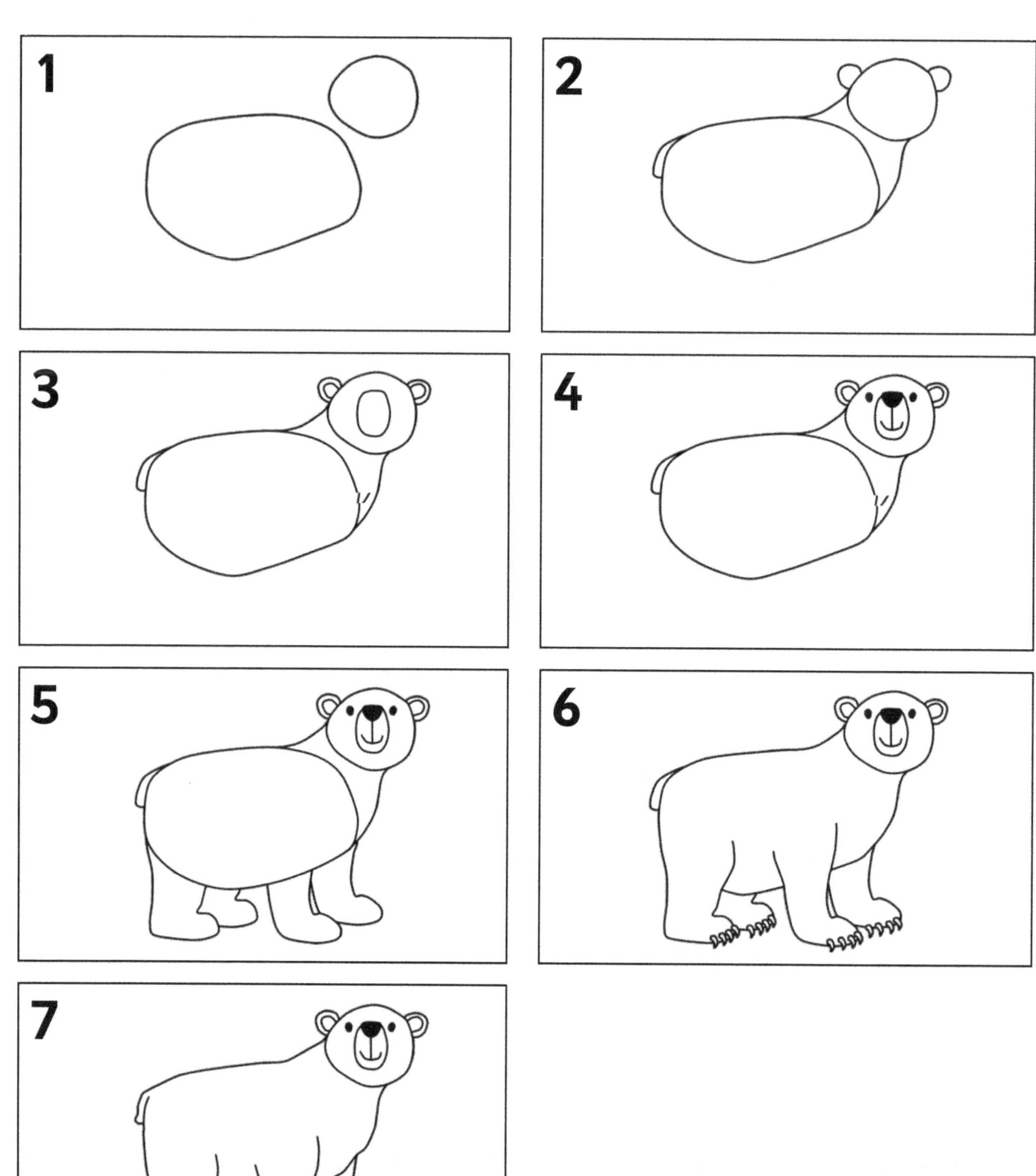

Je dessine un ours blanc

Je dessine un éléphant

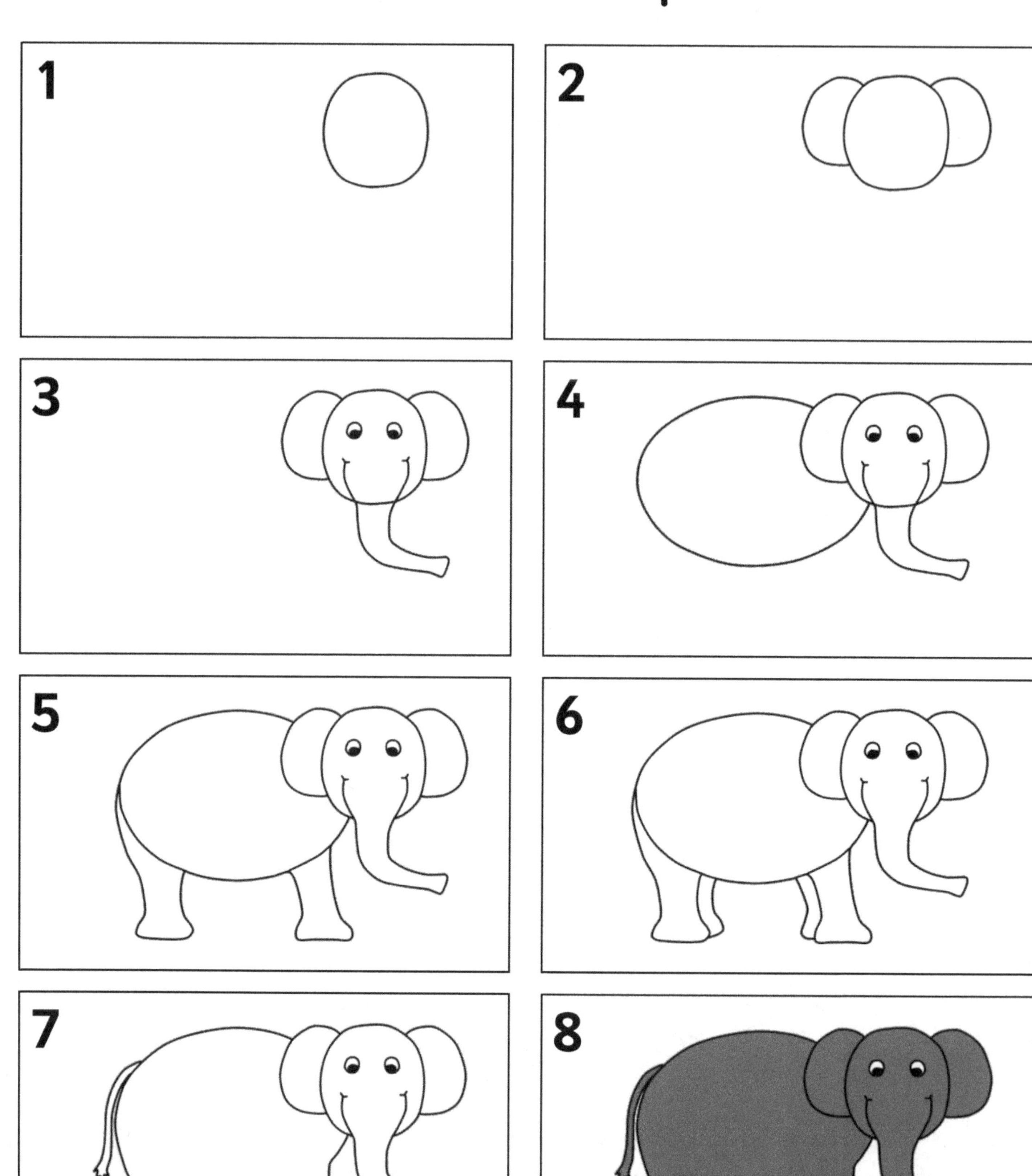

Je dessine un lion

Je dessine un lion

Je dessine un singe

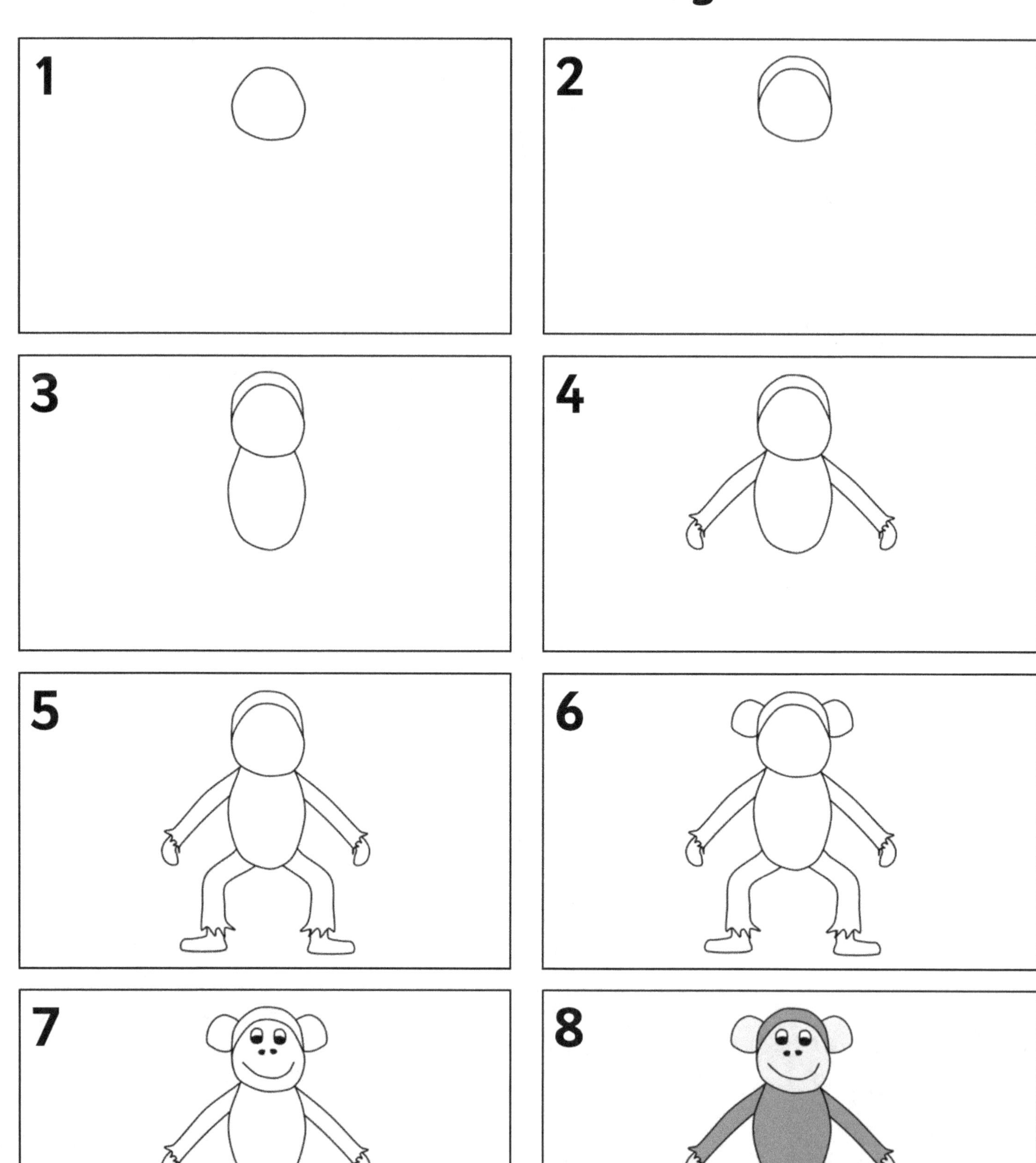

Je dessine un singe

Je dessine un chameau

Je dessine un chameau

Je dessine un poussin

1

2

3

4

5

6

7

Je dessine un poussin

Je dessine un oiseau

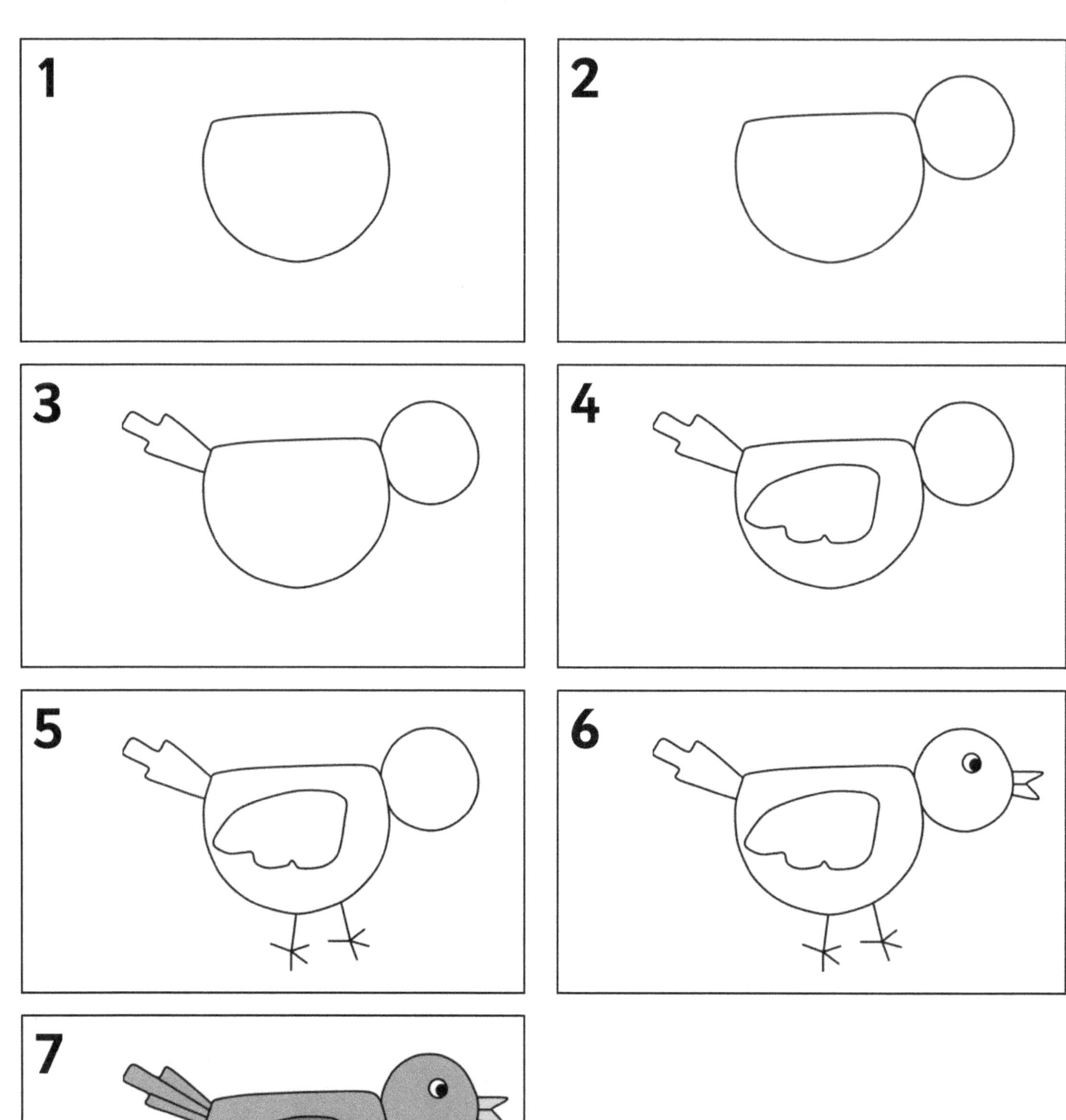

Je dessine un oiseau

Je dessine un paon

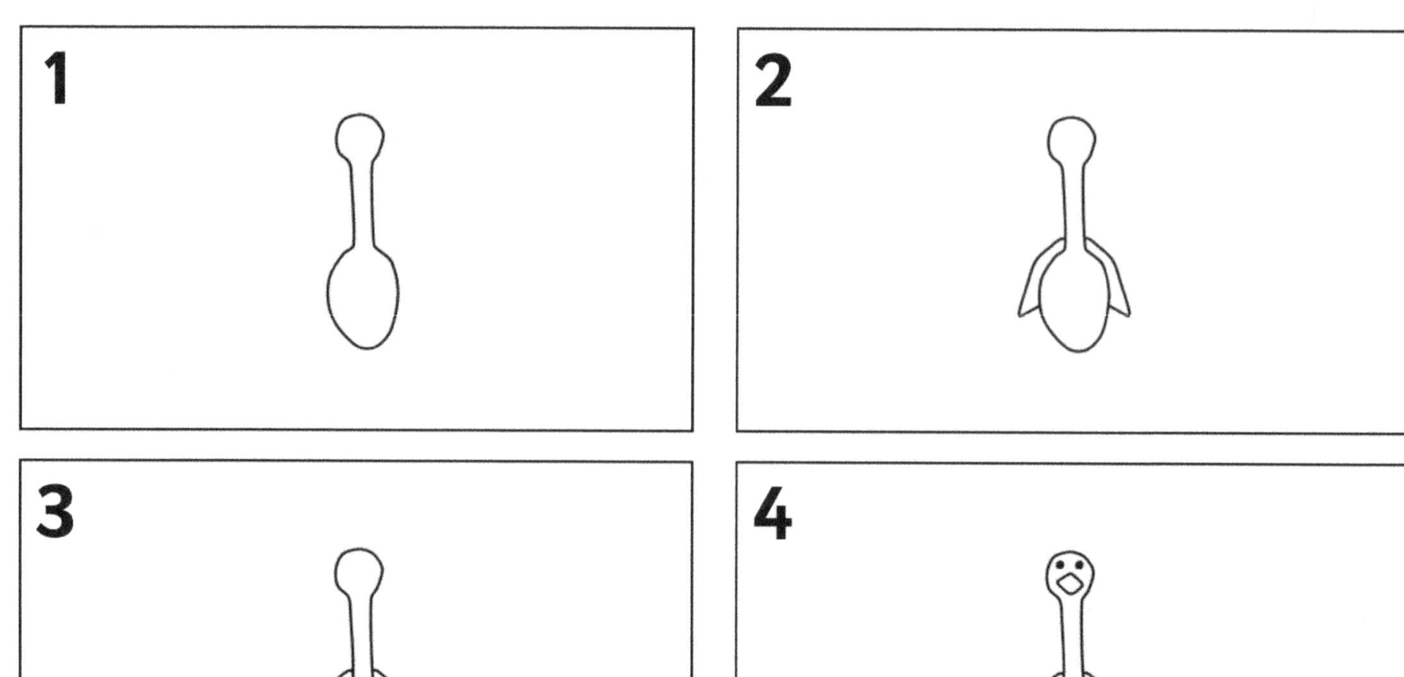

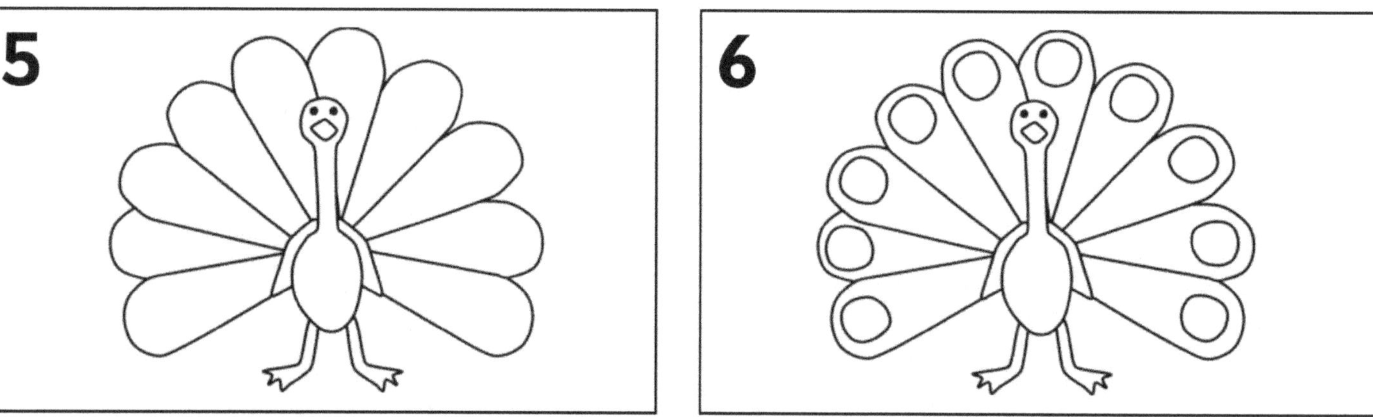

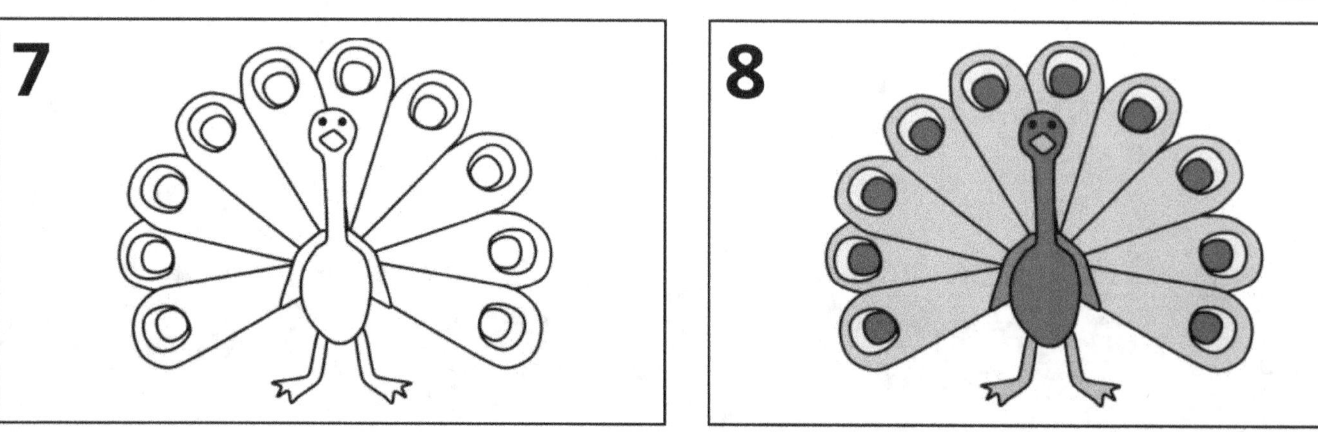

Je dessine un paon

Je dessine une abeille

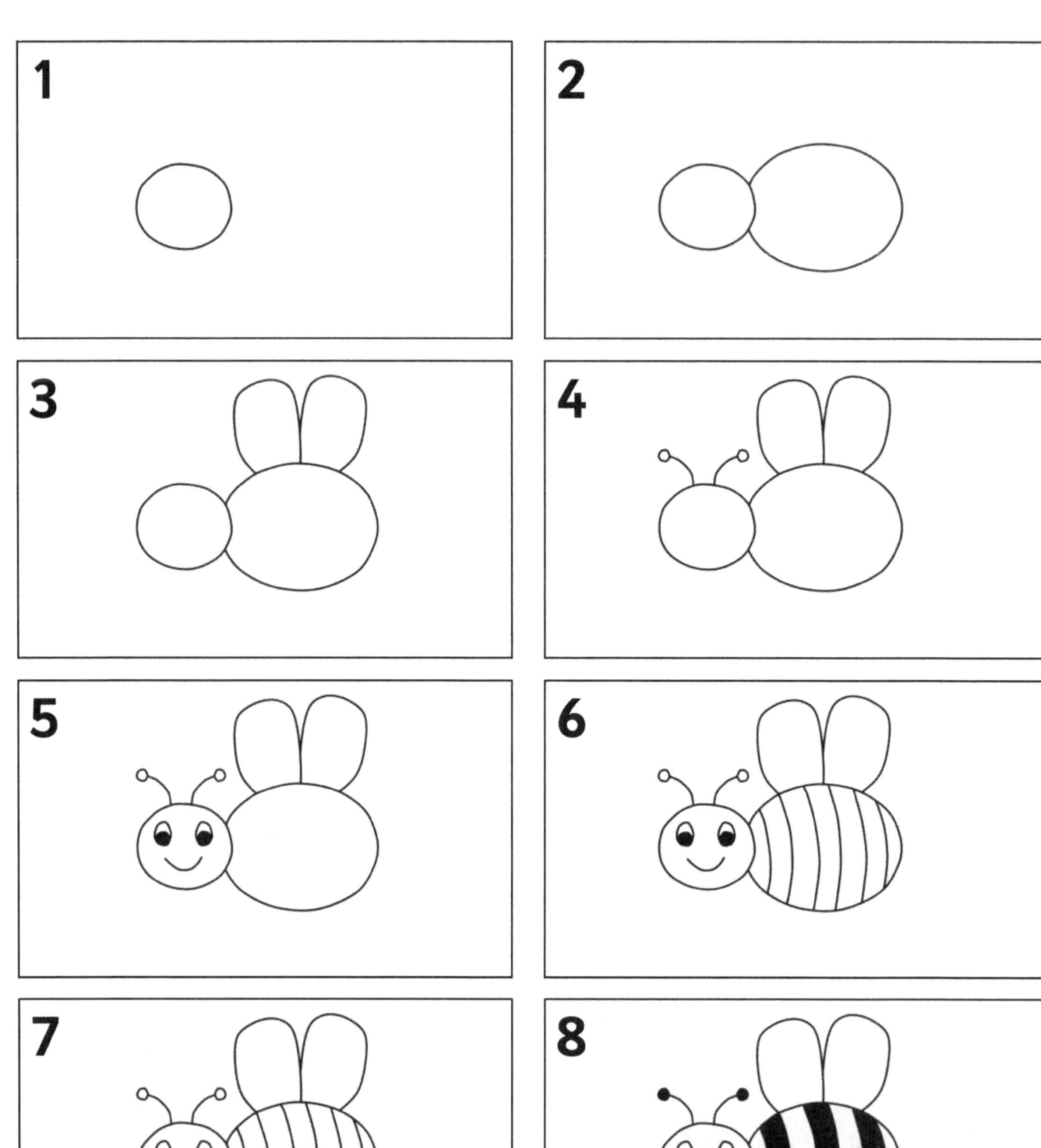

Je dessine une abeille

Je dessine une coccinelle

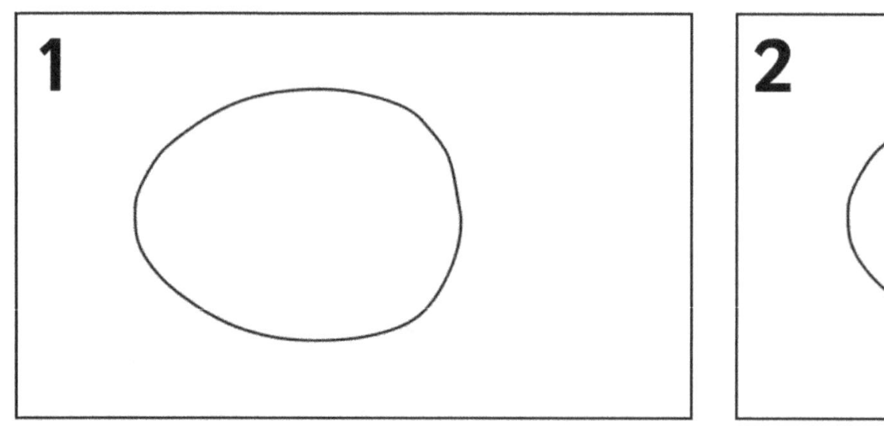

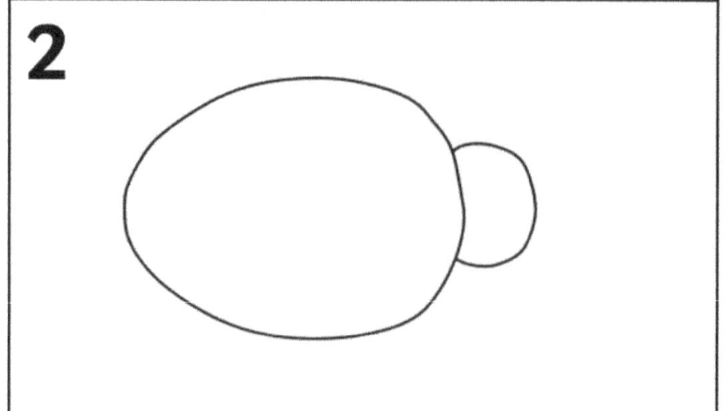

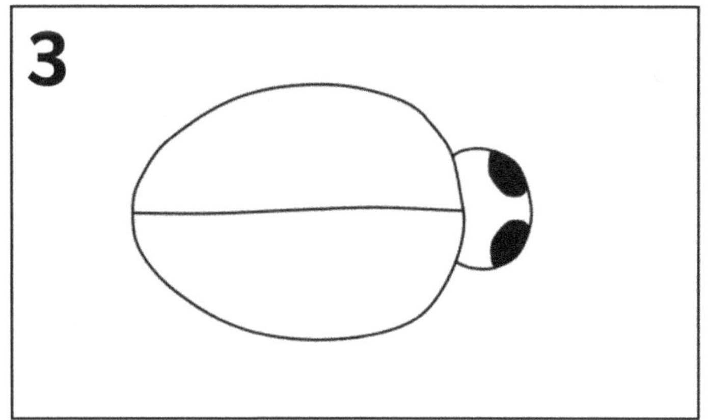

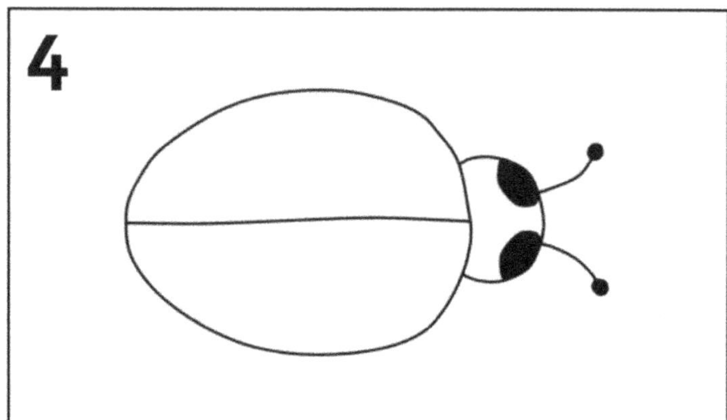

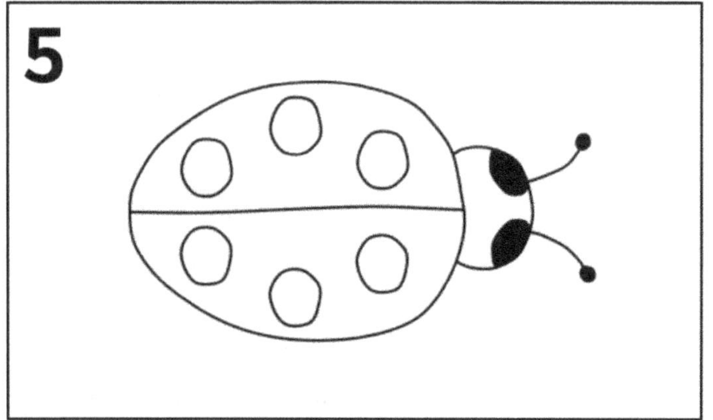

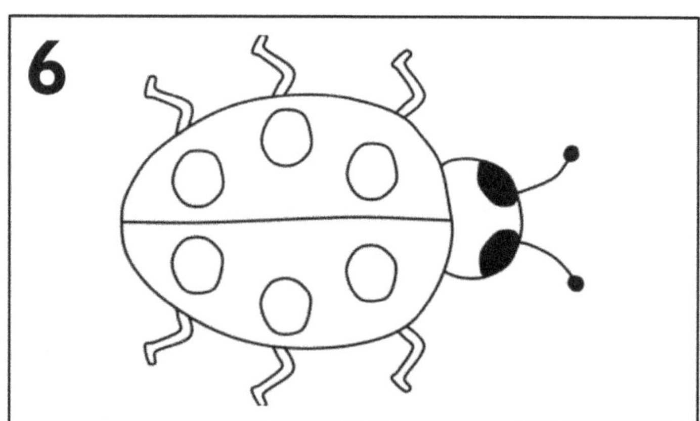

Je dessine une coccinelle

Je dessine une chenille

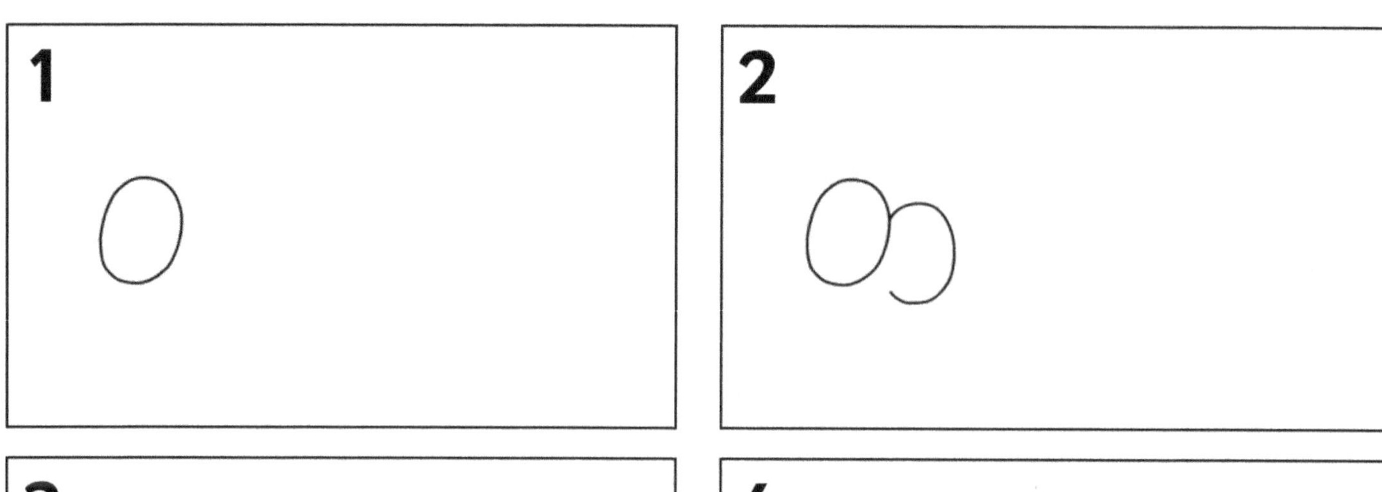

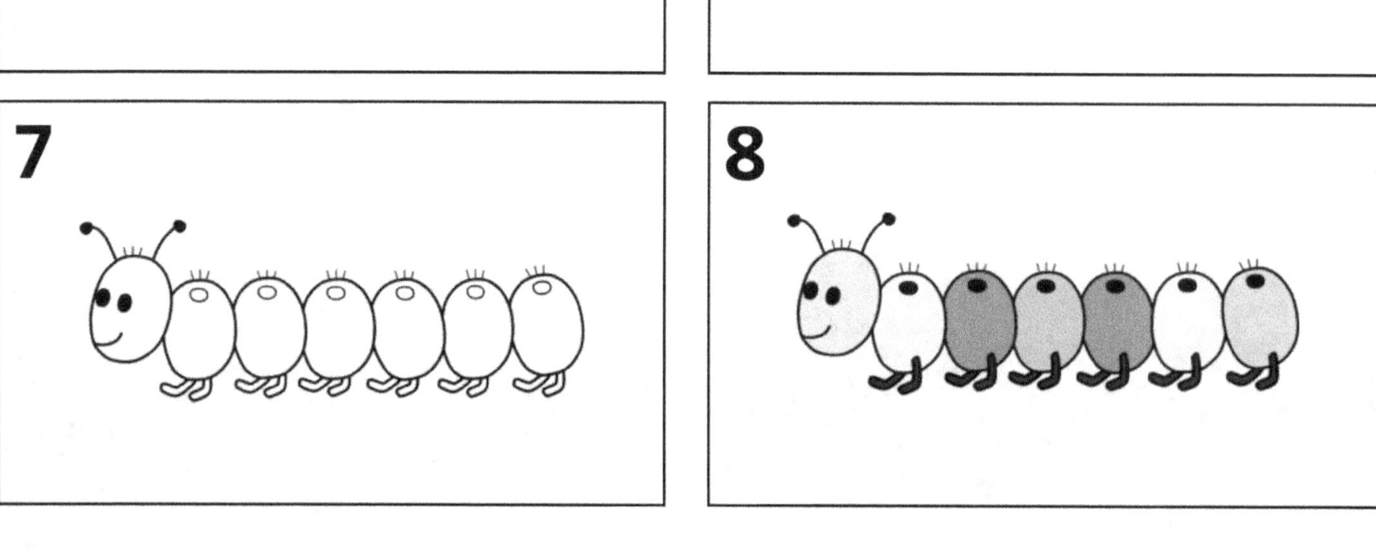

Je dessine une chenille

Je dessine une grenouille

Je dessine une grenouille

Je dessine un poisson

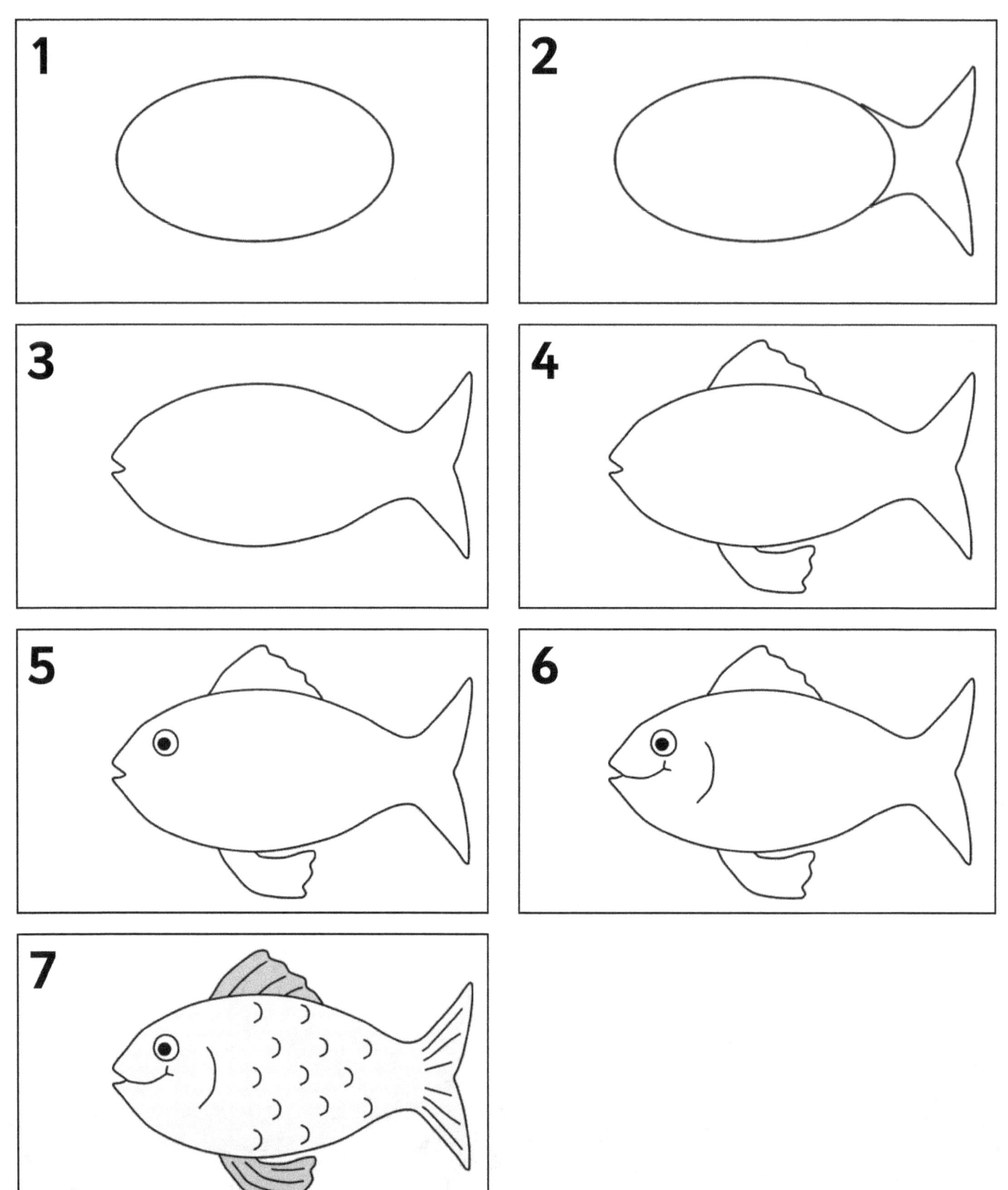

Je dessine un poisson

Je dessine un papillon

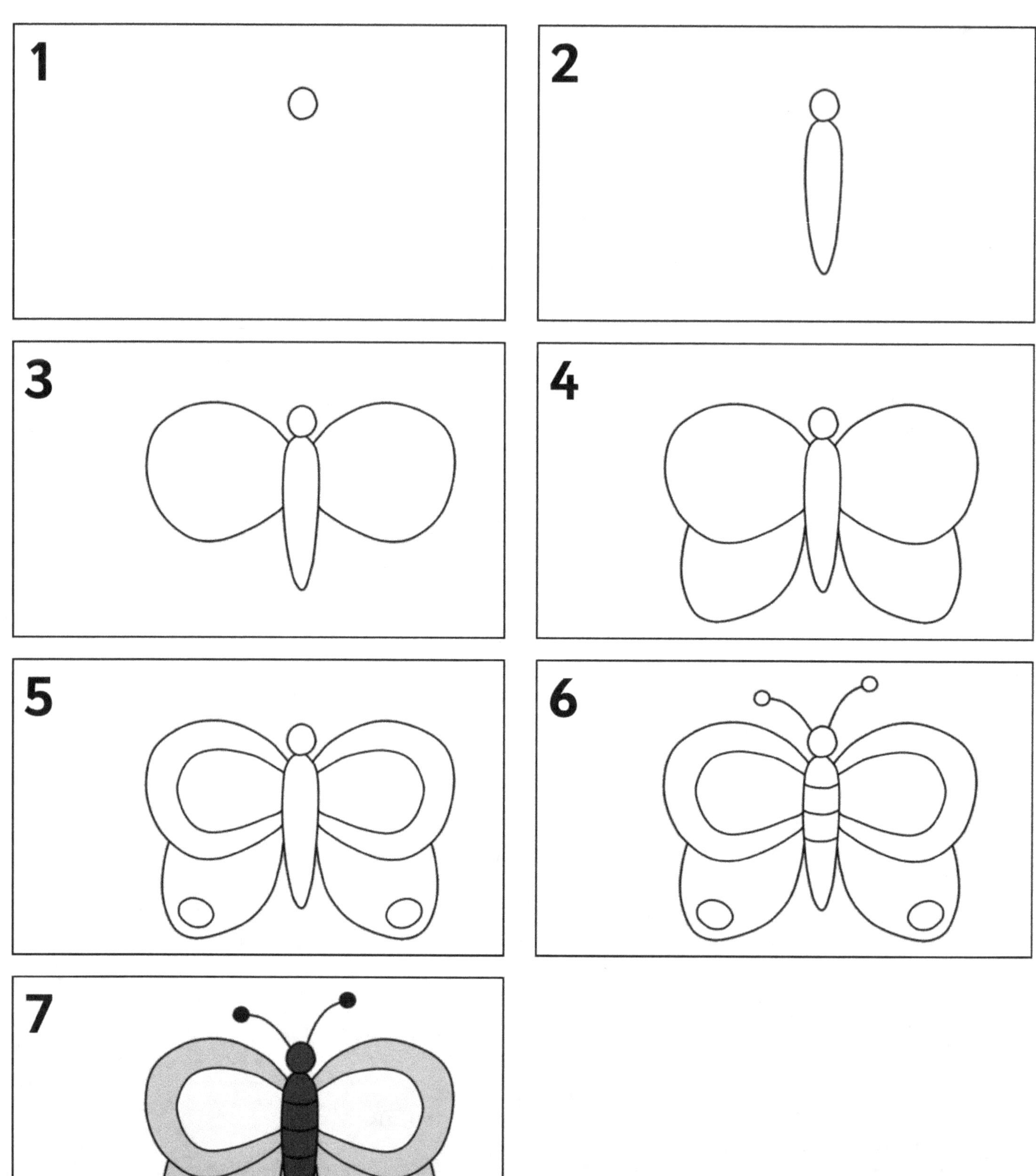

Je dessine un papillon

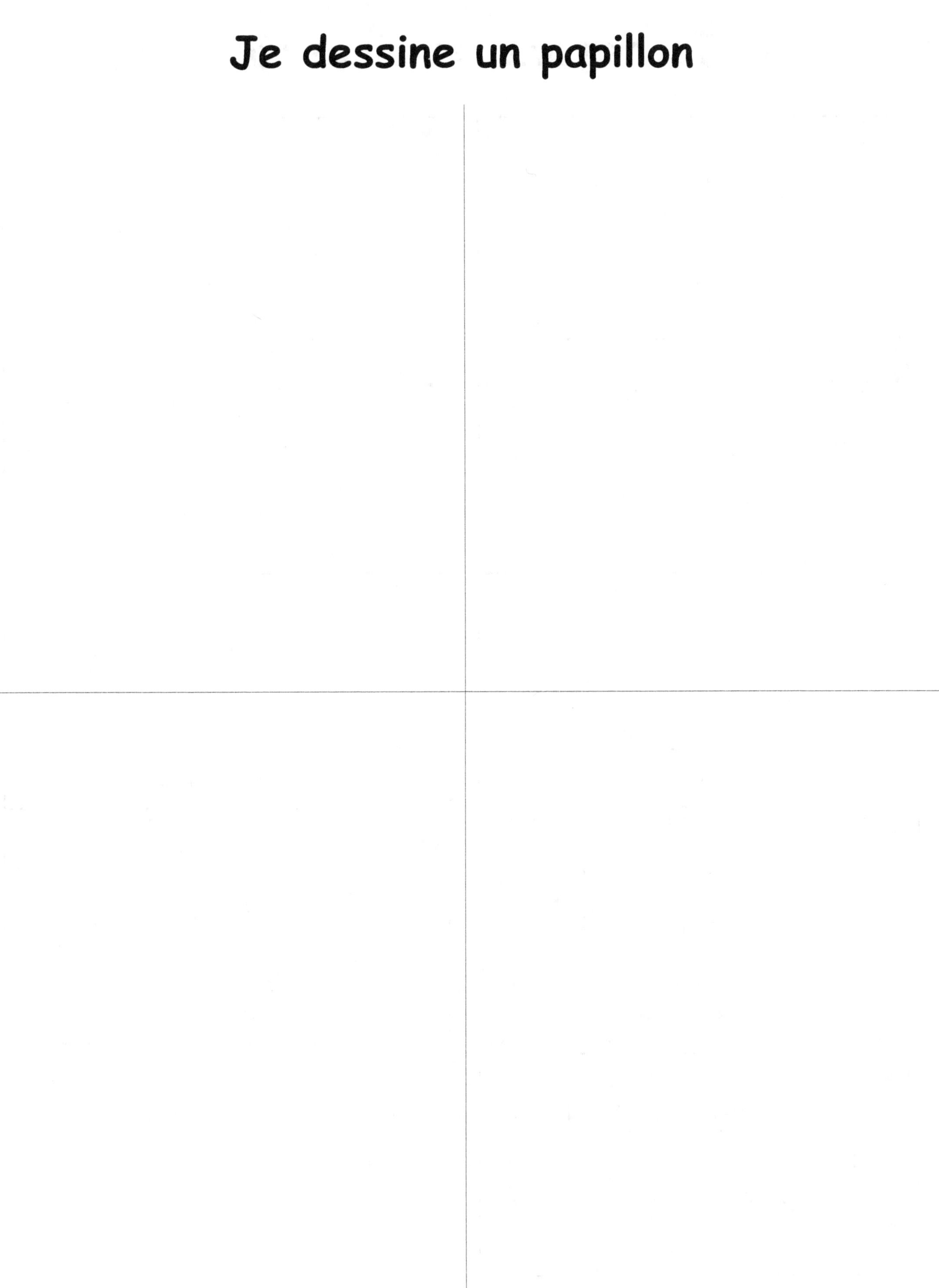

Je dessine un dinosaure

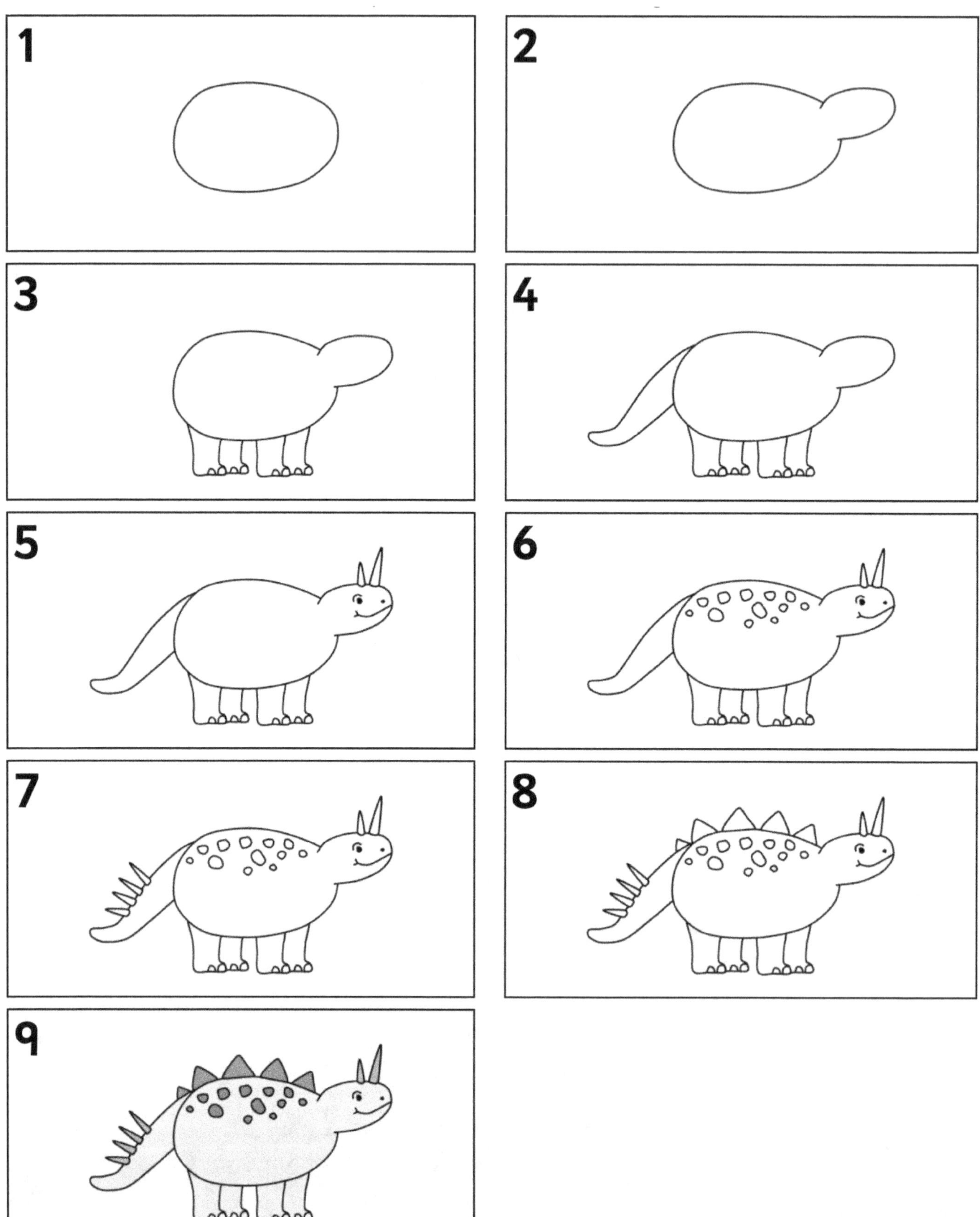

Je dessine un dinosaure

Je dessine une girafe

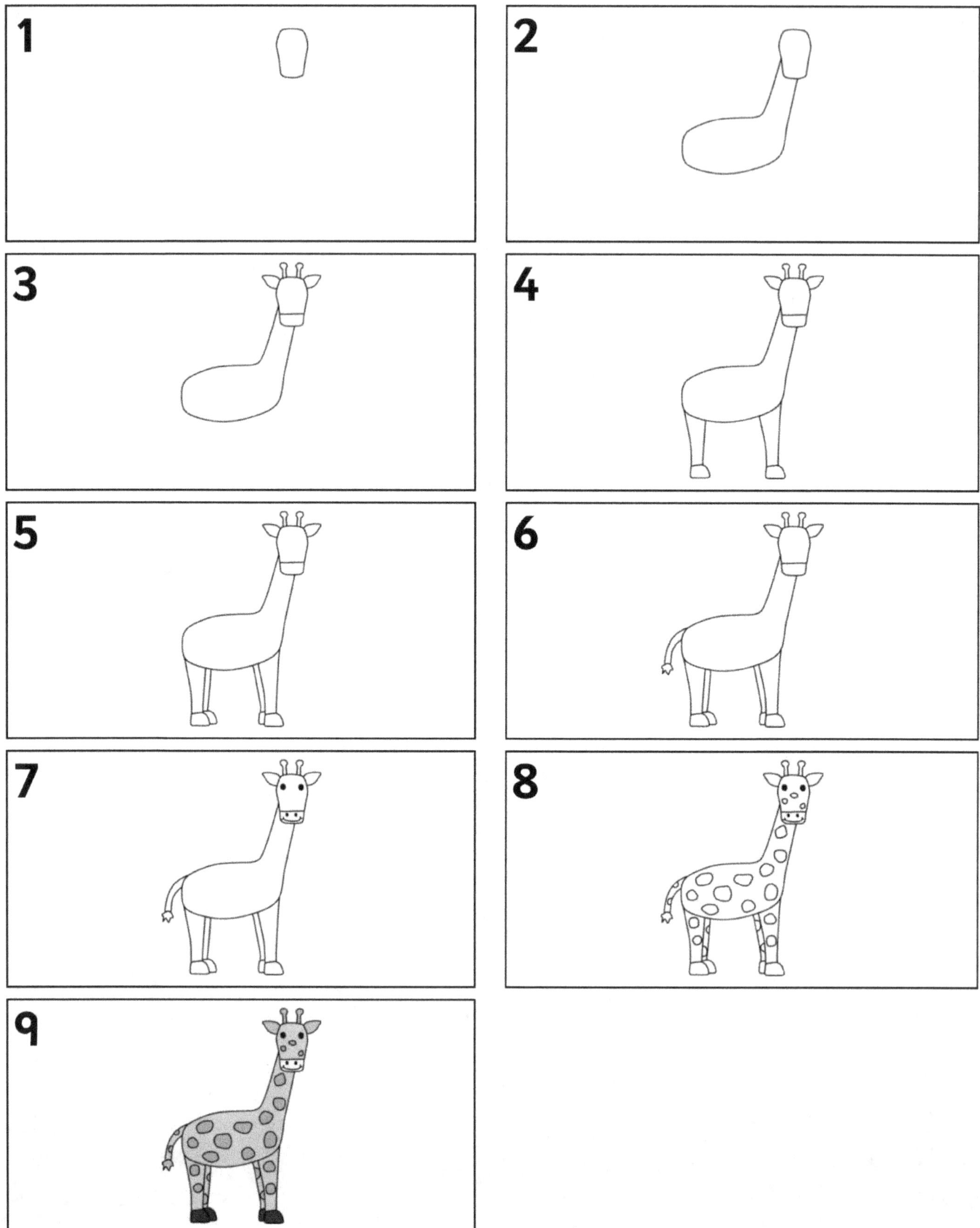

Je dessine une girafe

Je dessine une chouette

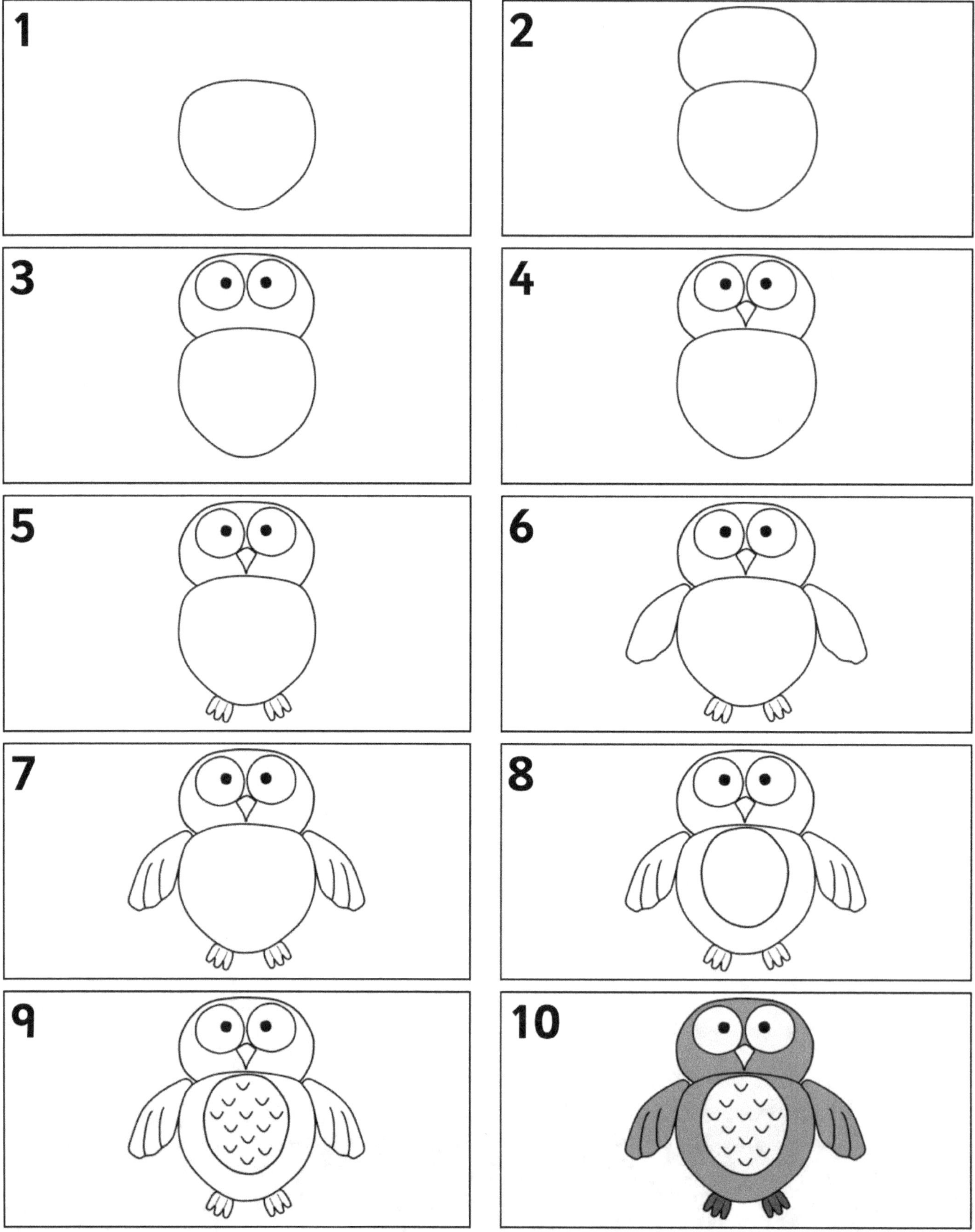

Je dessine une chouette

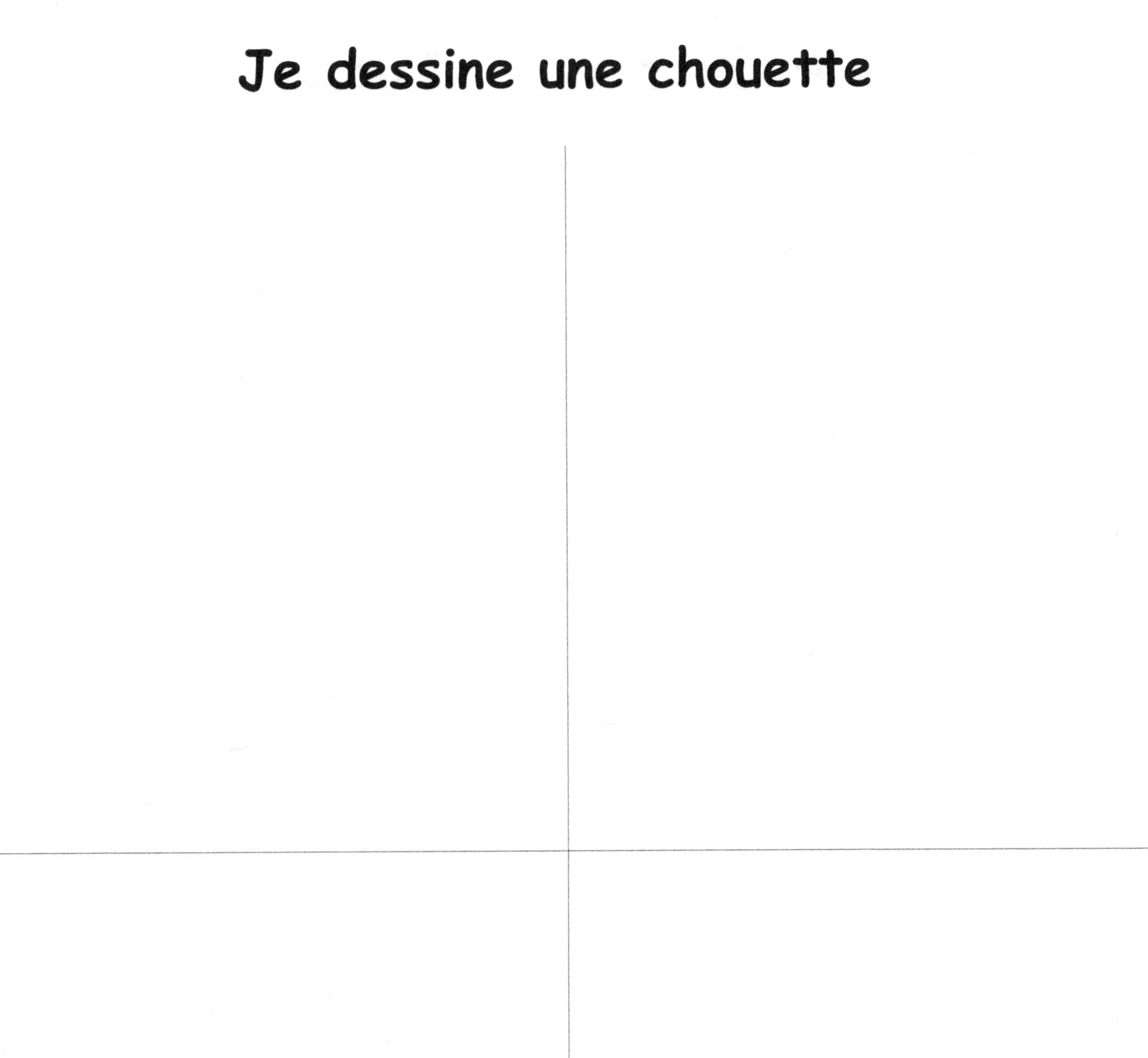

Je dessine un dragon

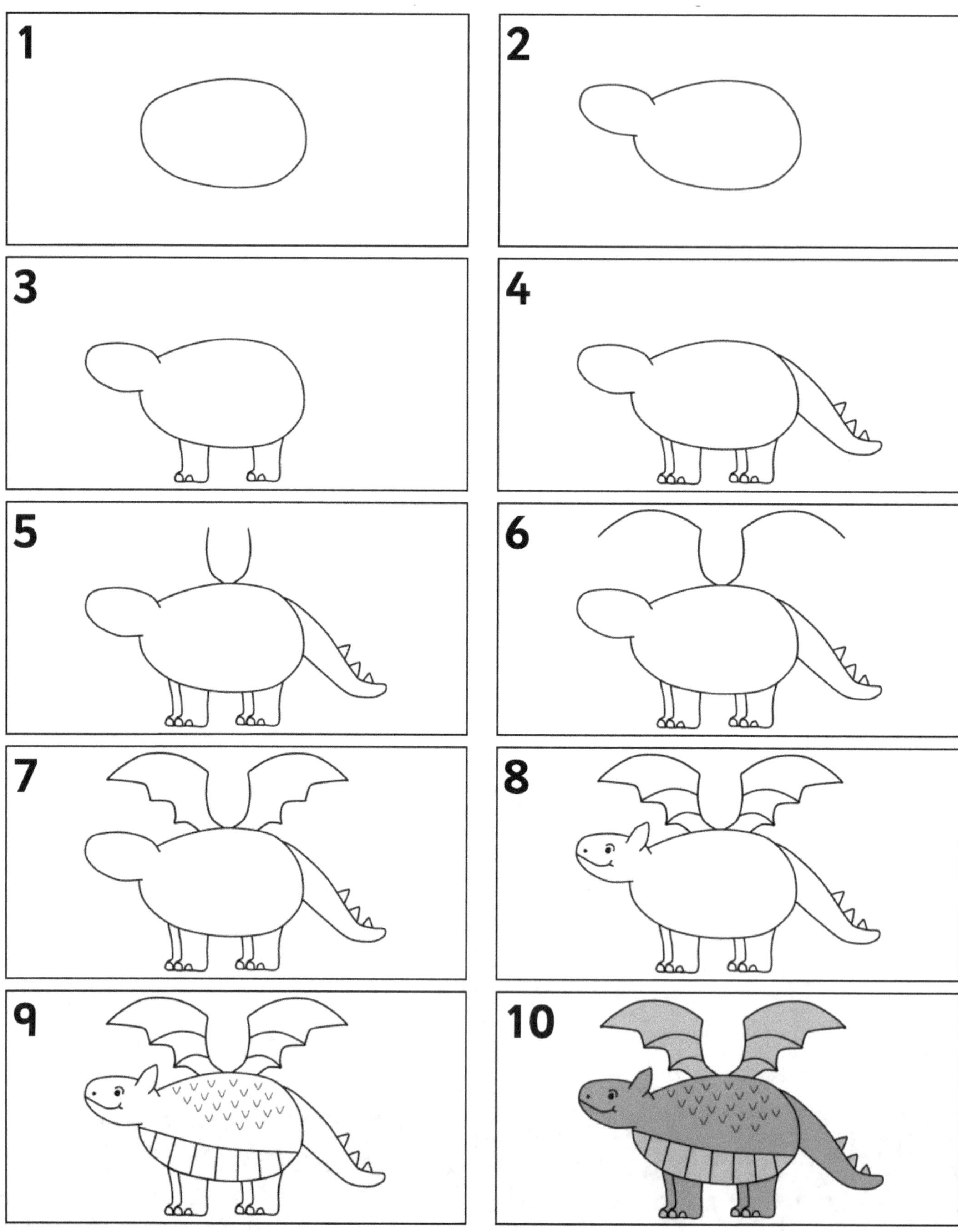

Je dessine un dragon

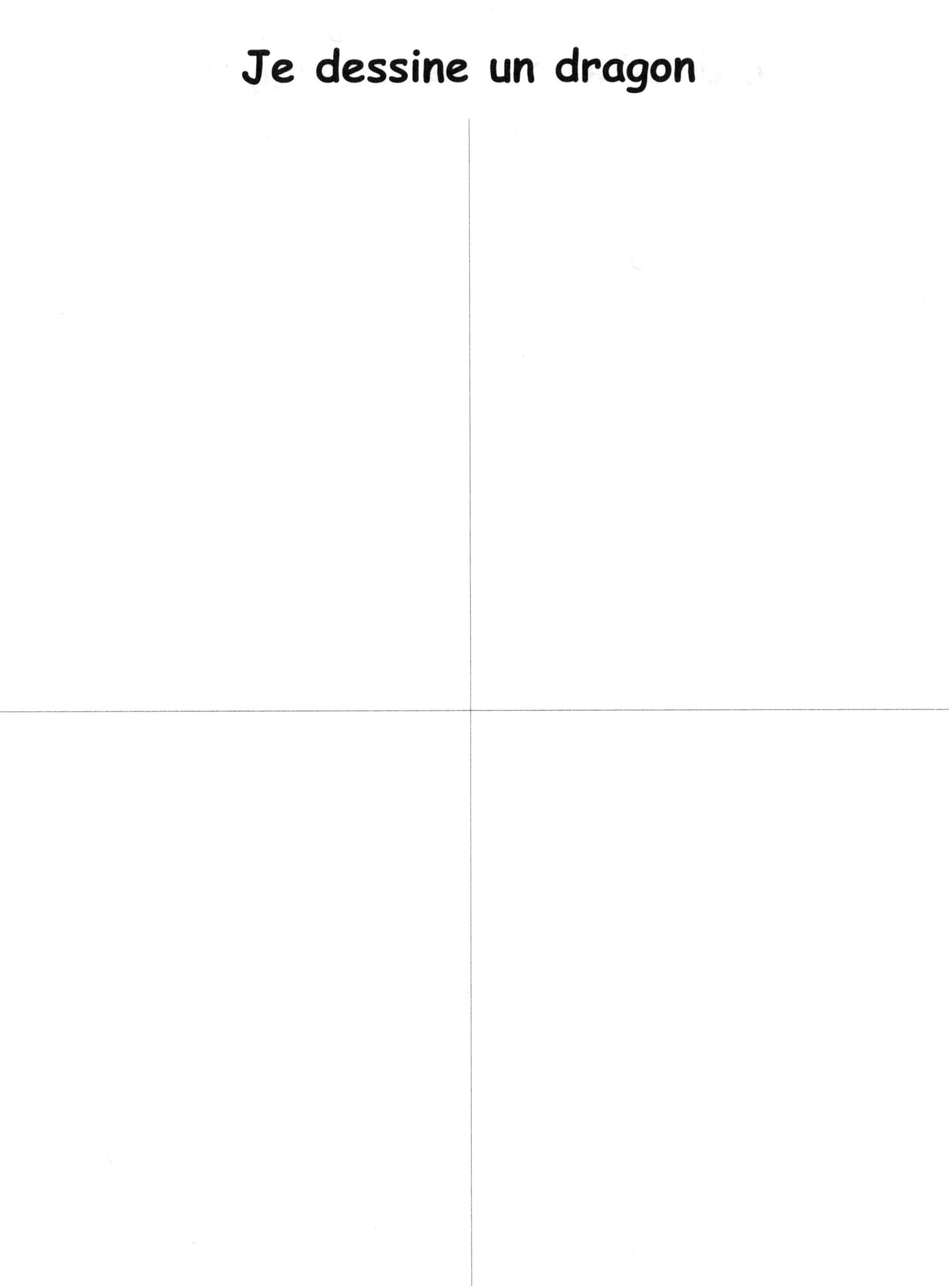

Je dessine ce que j'ai appris !

Je dessine ce que j'ai appris !

Je dessine ce que j'ai appris !

Je dessine ce que j'ai appris !

Je dessine ce que j'ai appris !

Je dessine ce que j'ai appris !

Je dessine ce que j'ai appris !